Por [illegible] de tu sonrisa

Una colección
de maravillosos deseos
y los dones más plenos de significado
que puedan brindarse.

Junto a las palabras
que contiene este libro,
me gustaría ofrecerte estos dones.

Javier Vergara Editor
GRUPO ZETA

Barcelona / Bogotá / Buenos Aires
Caracas / Madrid / México D.F.
Montevideo / Quito / Santiago de Chile

Por la magia de tu sonrisa

Susan Polis Schutz y otros autores

SELECCIÓN DE DOUGLAS RICHARDS

Título original
42 GIFTS I'D LIKE TO GIVE TO YOU

Edición original
Blue Mountain Press

Traducción
Delia Lavedan

Paseo Colón 221 - 6° - Buenos Aires - Argentina

ISBN 950-15-1940-6

Impreso en la Argentina / Printed in Argentine
Depositado de acuerdo a la Ley 11.723

Esta edición se terminó de imprimir en
VERLAP S.A. Comandante Spurr 653
Avellaneda - Prov. de Buenos Aires - Argentina,
en el mes de abril de 2001.

Índice

7 Agradecimientos

9 El don de saber que el más bello de los mañanas comienza hoy

10 El don de los buenos consejos

11 El don de ser capaz de afrontar las dificultades

13 El don de crear las condiciones para que sucedan cosas buenas

14 El don de un poco de impulso moral

15 El don de la sabia utilización del tiempo

16 El don de creer en milagros

17 El don de ser lo mejor posible

19 El don de la ambición

21 El don de derramar sonrisas a nuestro alrededor

22 El don de la esperanza

23 El don de ahuyentar los nubarrones

25 El don de ir más allá de lo normal y obtener resultados extraordinarios

26 El don de avanzar más allá de tus infortunios

27 El don de ser optimista

29 El don de mantener en perspectiva los altibajos de la vida

30 El don del verdadero éxito

31 El don de veinticuatro hermosas horas

33 El don de los apoyos espirituales

34 El don de trepar por la escala que conduce hasta tus estrellas
35 El don de sentirse satisfecho
37 El don de saber lo que está mal y hacer lo que está bien
38 El don de una vida llena de amor
39 El don de un amigo de verdad
41 El don de comprender lo que les pasa a los demás
42 El don de vivir de manera gratificante
43 El don de creer en nuestras capacidades
45 El don de saber seguir la corriente
46 El don de las buenas acciones
47 El don de una vida larga y feliz
49 El don de tener un ángel a tu lado
50 El don del coraje
51 El don de hacer lo que se debe
53 El don de la felicidad perdurable
54 El don de valorar el presente
55 El don de ser paciente con los problemas de la vida
57 El don de sostener las sonrisas y mitigar las tensiones
58 El don de esforzarse y resistir
61 El don de recoger las piezas
62 El don de una hermosa realización
63 El don de saber que todo saldrá bien
65 El don de algunos de los conocimientos más maravillosos de todos

Agradecimientos

Este libro ha sido recopilado por Douglas Richard Pagels. Mi eterno agradecimiento a todos aquéllos que me hicieron tomar conciencia del valor de estos dones, y mi respetuoso aprecio por aquellos escritores cuya sabiduría colma estas páginas. El libro está dedicado a las personas maravillosas de todas partes cuya serena generosidad hace que la vida sea más gratificante para todos los que las rodean.

Se ha realizado un cuidadoso esfuerzo por buscar la propiedad de los poemas utilizados en esta antología, con el objeto de conseguir la autorización para reproducir el material con copyright y otorgarles el debido mérito a los tenedores del mismo. Si se ha cometido algún error, ha sido completamente involuntario, y nos sentiremos complacidos de realizar las correcciones necesarias en futuras ediciones en tanto se eleven las notificaciones pertinentes por escrito al editor.

El don de saber que el más bello de los mañanas comienza hoy

El mañana es una hermosa carretera
que te llevará directamente
hasta donde deseas ir...

Si pasas el día de hoy
alejándote de las preocupaciones
y dirigiéndote hacia la serenidad,
dejando atrás los conflictos
y encaminándote hacia las soluciones,
y terminando con la vacuidad
para encontrar la plenitud...

Si puedes hacer aquello que para ti está bien,
tu presente será más feliz
y el camino que recorras será más llano.
¿Y qué será lo mejor de todo?
Que estarás dando un paso adelante,
rumbo a un hermoso porvenir.

Douglas Richards

El don de los buenos consejos

En la vida ocurre una cosa graciosa: si uno se niega a aceptar cualquier cosa que no sea lo mejor, con mucha frecuencia suele obtener, precisamente, esto último.

W. Somerset Maugham

Goza cuando puedas,
y resiste cuando debas.

Goethe

Hay veces en que la vida
no es todo lo que deseas,
pero es todo lo que tienes. De manera
que lo que te digo es: ¡aprésala! ¡Coloca
un geranio en tu sombrero, y sé feliz!

Anónimo

El don de ser capaz de afrontar las dificultades

¿Tienes un problema?
Haz lo que puedas,
donde te encuentres,
y con lo que tienes.

Theodore Roosevelt

Soy sólo uno más, pero soy alguien.
No puedo hacerlo todo, pero puedo
hacer algo. Y lo que pueda hacer,
debo hacerlo.
Y lo que deba hacer,
lo haré.

Edward Everett Hale

Decidí hacer más de aquello
que deseaba hacer,
dejar de hacer muchas cosas
que no deseaba hacer,
y dejar de preocuparme
por las que no podía controlar.

Anónimo

El don de crear las condiciones para que sucedan cosas buenas

*Encuentra aquello que estás destinado a hacer,
y hazlo lo mejor que puedas.*

Henry Ward Beecher

*No permitas que la vida te desaliente;
todo el que ha llegado hasta
donde se encuentra ahora
tuvo que empezar desde donde estaba.*

R. L. Evans

Deja tu mente en calma... percatándote de la belleza del mundo, y de los inmensos e ilimitados tesoros que contiene. Todo lo que tienes dentro de ti, todo lo que anhela tu corazón, todo lo que tu naturaleza ha planeado tan especialmente para ti, está aguardándote.

Edward Carpenter

*Las cosas valiosas
les suceden a los seres valiosos.*

Plauto

El don de un poco de impulso moral

A pesar de todo lo que pueda ocurrirte en el día, va a resultar bueno.

Ya has pasado por cosas difíciles anteriormente, ¿verdad? Correcto. Y siempre aterrizaste sobre tus pies. Tal vez no bailando, tal vez no siempre seguro de qué hacer a continuación. Pero siempre te las ingenias para resolver las cosas. Especialmente cuando eres capaz de mantener tu sentido del humor y no perder la sonrisa. Si lo piensas bien, advertirás que eres un individuo muy fuerte. Alguien que puede no tener todas las respuestas, pero que, al menos, está deseoso de no perder las esperanzas, de intentar y de creer.

Puedes descubrir el camino a seguir acerca de cualquier cosa; sólo depende de cómo lo mires. Y cuando yo te miro, veo a alguien que es de veras... sorprendente.

Ceal Carson

El don de la sabia utilización del tiempo

Nada es más valioso que el día de hoy.

Goethe

Cuando pienso en la velocidad con que vuela el tiempo, siempre lamento no haberlo hecho mejor ayer, o el año anterior, porque esas oportunidades en particular ya no volverán. Pero me consuelo pensando que tengo la oportunidad de hacerlo mejor la próxima vez.

Edward Chipman Guild

Yo no sé qué es lo que depara el futuro,
pero sí sé quién lo tiene en sus manos.

Anónimo

Cuida los minutos,
que las horas se cuidan solas.

Anónimo

EL DON DE CREER EN MILAGROS

Camino por el mundo en estado de maravilla.

OSCAR WILDE

Nosotros somos el milagro de los milagros... podemos no comprenderlo, podemos no saber cómo hablar de eso, pero podemos sentirlo y saber que realmente es así.

CARLYLE

No conozco nada
que pueda considerarse una imposibilidad.

THOMAS H. HUXLEY

El sol, con todos esos planetas girando en torno a él y dependiendo de él, puede todavía hacer madurar un racimo de uvas como si no tuviera otra cosa que hacer en todo el universo.

GALILEO GALILEI

El don de ser lo mejor posible

Muchas veces
es posible que pienses
que debes ser perfecto,
que no puedes cometer errores.
En esas ocasiones,
ejerces tanta presión sobre ti mismo
que me gustaría que advirtieras
que eres un ser humano
como cualquier otro,
capaz de alcanzar
el logro de un gran potencial,
pero incapaz
de ser perfecto.
Así que, por favor,
haz sólo lo mejor que puedas,
y percátate de que es suficiente.
No te compares con nadie.
Encuentra felicidad en ser
la maravillosa y especial
persona única que eres.

Susan Polis Schutz

El don de la ambición

Si puedes codiciar, también puedes contenerte.
Si puedes imaginar, puedes lograrlo.
Si has comenzado, puedes continuar.
Busca en tu interior, y encontrarás una razón
para creer.

Si puedes comprometerte, puedes conseguir
que suceda.
Si puedes dar, serás recompensado
con lo que recibas.
Si puedes escalar, puedes escalar más alto.
Imagínalo: tu éxito radica en el intento.

Si no te pones límites a ti mismo,
siempre puedes seguir esforzándote.
Puedes sorprenderte a ti mismo
con lo que descubras que eres capaz de hacer.
Si aspiras a lograr la felicidad,
jamás olvides que...

Puedes llegar tan lejos
como te lleven tus sueños.

Colin McCarty

El don de derramar sonrisas a nuestro alrededor

Una sonrisa es una línea curva
que endereza las cosas.

Anónimo

Cuando te salgan al paso sentimientos especiales,
deja que te inunden el corazón.
Cuando los milagros salgan a buscarte, no te escondas.
Cuando aparezcan personas especiales,
hazles saber la bendición que representan.

Deja que tus sonrisas se abran camino
hacia lo más profundo de tu interior.

Colin McCarty

La vida es un espejo:
si se la mira enfurruñado,
nos devuelve una imagen enfurruñada;
si se le sonríe, nos devuelve el saludo.

Thackeray

Una sonrisa es la luz
en la ventana de tu cara,
que avisa a la gente
que tu corazón está en casa.

Anónimo

El don de la esperanza

Más allá de los abismos más profundos
hay un camino hacia las más altas cumbres.

Carlyle

Cuando necesites algo de ayuda
para afrontar el día;
cuando necesites mucho menos
de qué preocuparte
y mucho más ante qué sonreír...
a veces sólo tienes que recordar que:

Realmente todo va a ir bien.
Hoy vas a conseguir lo que deseas.
Aunque sea paso a paso.

A veces, lo único que necesitas
es tener paciencia, ser valiente y fuerte.
Si no sabes cómo, descúbrelo
a medida que vas avanzando.
Y cíñete a tu esperanza
como si fuera un camino a seguir
o una canción para cantar.

Porque si tienes esperanza,
lo tienes todo.

Colin McCarty

El don de ahuyentar los nubarrones

El error más grande que puedes cometer es sentir continuamente temor de cometerlo.

Elbert Hubbard

Bien se ha dicho que nuestra ansiedad no se liberará mañana de sus pesares, sino que lo hará hoy de su fuerza.

Charles H. Spurgeon

Existe sólo una clase de preocupación que está bien: la preocupación de que tal vez te estés preocupando demasiado.

Proverbio judío

EL DON DE IR MÁS ALLÁ DE LO NORMAL Y OBTENER RESULTADOS EXTRAORDINARIOS

No temas avanzar hasta el extremo de la rama. Allí es donde se encuentra el fruto.

ANÓNIMO

Observa a la tortuga: sólo avanza cuando estira el cuello.

JAMES BRYANT CONANT

*No es que no nos atrevamos
porque las cosas sean difíciles;
son difíciles porque no nos atrevemos.*

SÉNECA

*Si haces lo que siempre has hecho,
obtendrás lo que siempre has obtenido.*

ANÓNIMO

El don de avanzar más allá de tus infortunios

Las desgracias no se pueden evitar.
Pero pueden atenuarse, solamente
sabiendo que van a sobrevenir.

Séneca

Aunque el presente se muestre empañado,
pronto mejorarán las cosas.
Sólo recuerda aquellas verdades
que dicen que se necesita la lluvia
para que aparezca el arco iris,
limones para hacer limonada,
y muchas veces se necesitan las dificultades
para hacer personas mejores y más fuertes.

Pronto volverá a brillar el sol... ya lo verás.

Colin McCarty

Toda experiencia, por amarga que sea,
contiene su enseñanza, y concentrar
nuestra atención en la enseñanza
nos ayuda a superar su amargura.

Edward Howard Griggs

El don de ser optimista

Se necesita muy poco para una vida feliz.
Todo yace en tu interior, en tu manera de pensar.

Marco Aurelio

Una palabra amable, una mirada bondadosa
y una sonrisa benevolente pueden obrar maravillas
y conseguir milagros.

William Hazlitt

Un solo rayo de sol es suficiente
para ahuyentar muchas sombras.

San Francisco de Asís

Ilumina el rincón donde te encuentras.

Antiguo Proverbio

El don de mantener en perspectiva los altibajos de la vida

Toda montaña implica por lo menos dos valles.

Anónimo

He pasado por pruebas y dificultades.
El Señor me ha dado vinagre y miel,
pero me dio el vinagre con cucharilla,
y la miel con cucharón.

Atribuido a William Bray

Si quieres vivir más, debes dominar
el arte de apreciar las pequeñas bendiciones cotidianas
de la vida. Éste no es un mundo hecho todo de oro,
pero contiene infinidad de pepitas
que esperan ser descubiertas...

Henry Alford Porter

Si no has tenido todo lo que deseas,
agradece lo que no tuviste
y no deseabas tener.

Anónimo

El don del verdadero éxito

*Recuerda que hay algo
más importante que ganar el sustento:
ganar la vida.*

Anónimo

*Nadie puede decir si es rico o pobre
mirando sus libros contables. Lo que convierte
en rica a una persona es su corazón. Se es rico
por lo que se es, no por lo que se tiene.*

Henry Ward Beecher

*Los resultados que obtengas en la vida
no dependen de tus ingresos, sino de tu esfuerzo.*

Anónimo

*El éxito consiste en obtener lo que se quiere.
La felicidad, en querer lo que se obtiene.*

Anónimo

El don de veinticuatro hermosas horas

*Todo es
sólo por un día.*

Marco Aurelio

*Hoy has recibido este don:
veinticuatro horas... para emplearlas de la forma
más hermosa y significativa posible.*

*Haz que este día sea un reflejo
de la fuerza que yace dentro de ti.
Del coraje que ilumina tu camino.
De la sabiduría que guía tus pasos.
Y de la serenidad que te embargará
cuando este día haya pasado.*

Jordan Carrill

El don de los apoyos espirituales

Dios ha puesto muy cerca de nosotros, o desplegado frente a nuestra vista, todo aquello destinado a mejorarnos o a hacernos más felices.

SÉNECA

El cielo está tanto bajo nuestros pies como sobre nuestras cabezas.

HENRY DAVID THOREAU

Nuestra vida es siempre más profunda de lo que sabemos, y más divina de lo que parece.

JAMES

La vida es frágil: manéjala con oraciones.

ANÓNIMO

El don de trepar por la escala que conduce hasta tus estrellas

Aun cuando no puedas limitarte
a chasquear los dedos y lograr que un sueño
se convierta en realidad, sí puedes marchar
en la dirección de tu sueño, día tras día,
y así acortar la distancia entre él y tú.

J. Kalispell

No importa
cuán lentamente avances,
en tanto no te detengas.

Confucio

A medida que crezcas y aprendas,
esforzándote y buscando, es muy importante
que persigas tus propios intereses
y que nada te retenga.
Te llevará tiempo comprenderte a ti mismo
de forma cabal y descubrir lo que quieres de la vida.
A medida que crezcas y aprendas, esforzándote
y buscando, sé que los pasos que des en esa travesía
te conducirán por el camino correcto.

Susan Polis Schutz

El don de sentirse satisfecho

La felicidad
no consiste en cuánto tenemos,
sino en cuánto disfrutamos.

Charles H. Spurgeon

Reduce tus exigencias al mínimo.
De esa forma, puedes preservar tu independencia
y tu individualidad. Si codicias demasiadas
posesiones materiales, sólo las podrás obtener
enajenando tu tiempo... No es un buen trato.
Aprende a vivir sin lujos, y serás libre...
rico en horas de sol y días de verano.

Henry David Thoreau

Para sentirte satisfecho, disfruta de tu vida
sin compararla con la de otro.

Condorcet

La vida es en un diez por ciento
lo que uno hace con ella,
y en un noventa por ciento
cómo se la encara.

Anónimo

El don de saber lo que está mal y hacer lo que está bien

Condúcete con los demás
como si tú fueras uno de ellos.

Anónimo

Es más fácil no empezar a hacer mal las cosas,
que volver atrás y enmendarlas
después de haber empezado.

Presidente James A. Garfield

Si tuviera que elegir
el menor de dos males,
no eligiría ninguno.

Karl Kraus

Siempre hay una manera mejor
de hacer cualquier cosa.

Ralph Waldo Emerson

El don de una vida llena de amor

El amor... es lo mejor del mundo,
y lo que perdura más tiempo.

Henry van Dyke

El amor es algo que debe compartirse con una persona maravillosa. Y una vez que se tiene, hay que hacerlo durar. El amor no es algo que debe darse por descontado. Es algo que debe ser alimentado, cuidado y mantenido.

El amor puede durar para siempre... si así te lo propones. El amor no es duro y provisional; es maravilloso, tierno y dulce. El amor es misterioso, pero requiere de ti que no tengas secretos. El amor es ciego, pero requiere de ti que puedas ver lo feliz que puede hacerte. El amor se parece más a una flor que a un árbol; los errores pueden herirlo con enorme facilidad. Pero los aciertos pueden volverlo más hermoso que cualquier otra cosa que hayas conocido en la vida.

El amor es algo que debe ser tratado como la mejor de todas las bendiciones, y como tu pequeño milagro personal que seguirá haciéndose realidad... durante todo el tiempo que quieras.

Barin Taylor

El don de un amigo de verdad

Un amigo es una de las cosas más hermosas que puedes tener, y una de las mejores que puedes ser tú mismo. Un amigo es un tesoro viviente y, si cuentas con uno, cuentas con uno de los dones más valiosos de la vida.

Un amigo es alguien que siempre estará a tu lado, en todas las alegrías y en cada una de las tristezas. Un amigo es lo único en lo que siempre puedes confiar, aquél ante quien siempre puedes abrir tu corazón, la maravillosa persona que cree siempre en ti de una forma en la que nadie parece hacerlo. Un amigo es un santuario. Un amigo es una sonrisa.

Un amigo es la mano que siempre sostiene la tuya, no importa dónde te encuentres, no importa lo cerca o lo lejos que puedas estar. Un amigo es alguien que siempre está allí, y al que siempre —siempre— le importarás.

Un amigo es la única puerta que siempre está abierta. Un amigo es alguien a quien puedes darle tu llave. Un amigo es una de las cosas más hermosas que puedes tener, y una de las mejores que puedes ser tú mismo.

COLIN MCCARTY

El don de comprender lo que les pasa a los demás

Sé comprensivo. Todas aquellas personas con las que te encuentras están librando una dura batalla.

John Watson

Seamos lentos para condenar y rápidos para perdonar. Si conociéramos los problemas del otro, vacilaríamos en criticarlo. Quizás admiraríamos su coraje para sobrellevarlos.

A.H. Glasgow

Sal de tu ensimismamiento y accede a los demás con sincero amor, respeto, cuidado y comprensión de sus necesidades.

Susan Polis Schutz

Cuanto más sabemos, más perdonamos. Quien tiene sentimientos profundos los tiene por todo lo viviente.

De Stäel

El don de vivir de manera gratificante

Uno de los secretos de la felicidad consiste en tomarse el tiempo necesario para llevar a cabo lo que uno tiene que hacer, y luego encontrar tiempo para hacer lo que uno desea.

Recuerda que la vida es corta. Sus momentos más gloriosos necesitan esperanzas, recuerdos y sueños. Cuando parece que todas estas cosas se han perdido en el tumulto, recuperarlas es algo que te debes a ti mismo. Los días son algo demasiado precioso para dejar que se te escapen de las manos.
Si estás trabajando demasiado, intenta que sea un sacrificio temporal y recompensarte luego con algo más importante que el dinero. Si estás perdiendo la batalla, haz lo necesario para ganarle la guerra a quien esté manejando tu destino.

Encuentra tiempo, hazte tiempo, tómate tiempo... para amar, para sonreír, para hacer algo gratificante, algo totalmente personal y que valga la pena. El tiempo es tu riqueza, y puedes gastarlo en traer más alegría a tu vida y a la de los demás a lo largo de toda la vida. El tiempo es tu tesoro. Y en lugar de trabajar tan esforzadamente para ello, haz lo necesario para que trabaje a tu favor.

J.M. Colter

El don de creer en nuestras capacidades

Si somos capaces de mandar
un hombre a la luna, también
tú puedes encontrar tu camino.
Hay una manera.
Siempre hay una manera.

Alin Austin

Ten el coraje de considerarte
un manojo de posibilidades, y acepta
el desafío de sacar lo mejor de ti.

Harry Emerson Fosdick

Nadie sabe lo que es capaz de hacer
hasta que lo intenta.

Publilio Siro

Si hiciéramos todo lo que somos capaces de hacer,
nos quedaríamos literalmente
atónitos ante nosotros mismos.

Thomas A. Edison

El don de saber seguir la corriente

He aquí una pieza de amable sabiduría que te ayudará a atravesar prácticamente cualquier contingencia: agradece, con todo tu corazón, lo mejor de la vida; haz cuanto esté a tu alcance para superar las pruebas que ésta te presenta, y aprende cómo vivir con el resto de la misma.

Douglas Richards

Los ríos más profundos
fluyen haciendo poco ruido.

Curt

La cooperación consiste en hacer con una sonrisa lo que hay que hacer de todas maneras.

Anónimo

Las cosas resultan de la mejor manera
para aquéllos que hacen
todo lo posible para que así sea.

Anónimo

El don de las buenas acciones

El regalo que le haces a la vida
es absolutamente hermoso y constante… Simplemente,
preséntate ante los que te rodean como alguien
lleno de bondad y de luz, poniendo alegría
y felices sonrisas de bienvenida
en los rostros de quienes te conocen.

Camina por la vida con serenidad y calidez,
honrado y amado por quienes te conocen,
y deja tras de ti personas mejores y más felices
porque tú has estado con ellas.

Edward Chipman Guild

EL DON DE UNA VIDA LARGA Y FELIZ

Es magnífico llegar a viejo...
si uno se mantiene joven mientras lo hace.

HARRY EMERSON FOSDICK

Todavía me parece que el día es demasiado corto
para todas las cosas en que quiero pensar,
todos los paseos que quiero dar, todos los libros
que quiero leer y todos los amigos que quiero ver.

JOHN BURROUGHS

Cuanto más arena ha pasado
por el reloj de arena de nuestras vidas,
más claramente podemos ver a través de él.

JEAN PAUL

Haz que cada año te convierta
en una persona cada vez mejor.

BENJAMIN FRANKLIN

El don de tener un ángel a tu lado

Ojalá siempre tengas un ángel a tu lado
Velando por ti en todo lo que haces
Recordándote que continúes creyendo en los días
más felices Encontrando las maneras de hacer realidad
tus deseos y tus sueños Dándote esperanzas tan reales
como el sol Otorgándote la fuerza de la serenidad
como guía Ojalá siempre tengas amor, aliento y coraje.

Ojalá siempre tengas un ángel a tu lado
Alguien que te sostenga si te caes Alentando tus sueños
Trayéndote felicidad Sosteniendo tu mano y ayudándote
a avanzar por la vida A lo largo de todos los días
de nuestras vidas, éstas están en permanente cambio
Afluyen lágrimas tanto como sonrisas Al avanzar
por las carreteras de tu travesía, ojalá los kilómetros que
dejas atrás sean mil veces más entrañables que solitarios
Ojalá te dejen regalos que jamás tengan fin: alguien
maravilloso a quien amar, y un amigo del alma
en quien puedes confiar Ojalá tengas arcos iris después
de cada tormenta Ojalá tengas esperanzas
que te mantengan cobijado y a salvo

Y ojalá siempre tengas un ángel a tu lado

Emilia Larson

El don del coraje

El coraje es la más grande de las virtudes,
porque si no tienes coraje, tal vez
no tengas oportunidad
de utilizar ninguna de las demás.

Samuel Johnson

Solamente cuando dejas
de huir de ti mismo
comienzas a llegar a alguna parte.

Anónimo

Contamos con una posibilidad de elección:
la de pasar mucho tiempo luchando por
lo que sabemos correcto, o bien la de limitarnos
a aceptar lo que sabemos incorrecto.

Debemos luchar por nuestros derechos
y los derechos de los demás, aun cuando la mayoría
de la gente diga que no podemos ganar.

Susan Polis Schutz

Si confías en el ganador que hay dentro de ti,
ganarás.

Collin McCarty

El don de hacer lo que se debe

Si siempre estamos dudando acerca
de qué hacer, una norma prudente
es la de preguntarnos qué vamos a desear
en ese futuro que hayamos construido.

AVEBURY

Comienza; haber comenzado
representa la mitad del trabajo. Deja la otra mitad;
comienza una vez más, y habrás hecho todo.

AUSONIO

Las ideas son algo gracioso.
No se ponen en marcha
a menos que lo hagas tú.

ANÓNIMO

Un metro de ejecución
vale todo un mundo de promisión.

HOWELL

El don de la felicidad perdurable

La felicidad es el sentimiento que te embarga cuando deseas seguir sintiéndolo.

Anónimo

El hombre feliz cuenta
con días completos, y los elige.
El infeliz, sólo con horas,
y las pierde.

Colley Cibber

El mundo tiene suficientes pesares propios; sería una lástima que le agregáramos más. A veces es difícil, pero no hay nada más agradable que poner en la balanza todo lo malo que está más allá de nuestro control, con todo lo bueno —y lo grandioso— que podemos alcanzar dentro de nosotros mismos. Hagamos todo lo que podamos. Tal vez encontremos nuestra manera personal de convertir la felicidad en parte permanente de nuestras vidas, en lugar de un visitante ocasional.

Douglas Richards

Tú mereces una vida de felicidad.

Susan Polis Schutz

El don de valorar el presente

No cometas el error de permitir que el ayer consuma parte del hoy.

Anónimo

Deja el mañana para mañana.

Proverbio Alemán

Tengas dieciséis años o sesenta, te exhorto a tener el coraje de encontrar la magia de este día. Da un paso al costado para poder apreciar las cosas valiosas que tienes frente a ti: personas que importan, lugares que, inevitablemente, van a cambiar, y circunstancias que se solucionan con facilidad.

Haz algo más que detenerte a aspirar la fragancia de las rosas: sal en su busca. ¡Planta nuevos rosales en los lugares que atraviesas! Envíales ramos de flores a la gente que te interesa. Recuerda que este momento tiene más cosas que valorar de las que te imaginas...

Dentro de muchos años, la verdad oculta de esta afirmación brillará como el sol. Y una de tus más sinceras pesadumbres consistirá en no haber sabido lo bueno que era contar con ellas... en su momento.

Douglas Richards

El don de ser paciente con los problemas de la vida

Tal como el nudo que aparece inesperadamente en un hilo, así las decepciones obstaculizan la paz de la vida. Si unos pocos tirones hábiles pueden desenredar la madeja, la vida continúa sin sobresaltos. Pero si el problema no puede ser corregido, entonces debe ser entretejido con aceptación dentro de la trama. De esa manera, la obra terminada todavía puede ser hermosa, aun cuando no sea tan perfecta como se la planeó.

Anónimo

Sé paciente
con todo el mundo,
pero sobre todo
contigo mismo.

San Francisco de Sales

El don de sostener las sonrisas y mitigar las tensiones

*En realidad, la vida es muy simple,
pero nosotros insistimos en hacerla complicada.*

Confucio

No tienes que ser el responsable de que todo funcione. Créeme. Las grandes cosas ya han sido previstas: el sol aparecerá por las mañanas, las estrellas por las noches, y —si haces las cosas bien— un niño, un amor o un amigo del alma compartirá contigo una sonrisa especial... y hará que esté bien todo lo que estaba mal.

Douglas Richards

Disfruta mucho de ti mismo, y guarda en tu interior toda la salud y los buenos pensamientos que te sea posible guardar.

George Eliot

En el mundo sólo hay dos cosas por las que preocuparse: las que puedes controlar y las que no puedes controlar. Arregla las primeras, y olvida las segundas.

Anónimo

El don de esforzarse y resistir

*Aquéllos que tienen ganas de cantar
siempre encuentran una canción.*

Proverbio Sueco

*Piensa en el sello postal.
Tiene éxito en su misión por
su capacidad de adherirse a la carta
hasta que llega a destino.*

Josh Billings

*Encontraré la forma,
o inventaré una.*

Anónimo

*Lo difícil lo hacemos de inmediato.
Lo imposible nos lleva un poco más de tiempo.*

Charles Alexander De Colonne
(usado más tarde como lema por las Fuerzas Armadas Norteamericanas en la Segunda Guerra Mundial)

En el momento en que te encuentres
en un aprieto, y todo parezca ir en tu contra,
y tengas la impresión de que no puedes resistir
un minuto más, no te des por vencido...
ya que ése es justamente el momento y el lugar
en que la corriente cambiará de dirección.

HARRIET BEECHER STOWE

Un héroe no es más valiente que un hombre común,
sino que lo es durante cinco minutos más.

RALPH WALDO EMERSON

Quien tiene
una razón para vivir
puede soportar
prácticamente cualquier cosa.

FRIEDRICH NIETZCHE

Cuando debes, puedes.

PROVERBIO JUDÍO

El don de recoger las piezas

Ojalá hoy sea el día en que todo se junte ❧
felicidad en tu corazón ❧ serenidad en tu alma ❧
paciencia para ver a través de ti ❧ belleza interior ❧
una mente abierta ❧ días que te encuentran en
un maravilloso estado ❧ confianza, férrea y perdurable ❧
fuerza para hacer lo necesario ❧ creer en el hoy ❧
vivir el presente ❧ saber que el único camino es el correcto ❧
aclarar la confusión ❧ afrontar los hechos ❧
no tener miedo ❧ no renunciar ❧ encontrar la esperanza
en los lugares más insospechados ❧ poner sonrisas
en las caras de los demás ❧ saber cuándo hablar ❧
y saber cuándo escuchar ❧ defender la verdad ❧
cumplir con los compromisos ❧ utilizar la introspección
para desarrollarse como es debido ❧ ir desde la base
rocosa hasta la cima de la montaña ❧ aprender
de los errores ❧ comprender la grandeza interior ❧
buscar el bien que siempre está ahí ❧ compartir las cosas
que deben ser compartidas ❧ recordar que todo puede
parecer un rompecabezas, pero que resolver problemas
es una de las más profundas alegrías de la vida ❧
siempre puedes recoger las piezas ❧
y siempre puedes hacer las cosas bien.

Douglas Richards

El don de una hermosa realización

No es necesario que sepas cantar.
Es el sentir que deseas hacerlo
lo que hace al día digno de ser vivido.

Coleman Cox

Sigue sembrando tus semillas, ya que nunca sabes cuál de todas crecerá... tal vez todas lo hagan.

Eclesiastés 11: 6

El don de saber que todo saldrá bien

Ten paciencia.
Todo es difícil antes de ser fácil.

Saadi

En la vida, nada debe ser temido.
Sólo debe ser comprendido.

Marie Curie

Hasta ahora, la salida del sol
jamás nos ha fallado.

Celia Thaxter

El don de algunos de los conocimientos más maravillosos de todos

Nunca
es demasiado tarde
para ser
lo que deberías
haber sido.

George Eliot

Te deseo
el más hermoso porvenir...
que comience mañana mismo,
y dure toda tu vida.

Douglas Richards